W9-COF-234

Ma maman et mon papa ils sont magiciens

Hervé Eparvier
Illustrations de Soledad Bravi

loulou & Cie
l'école des loisirs
11, rue de Sèvres, Paris 6e

Ma maman ne dort jamais :
quand je me couche,
elle est debout,
et quand je me lève,
elle est toujours debout.

Mon papa,
il parle aux oiseaux.

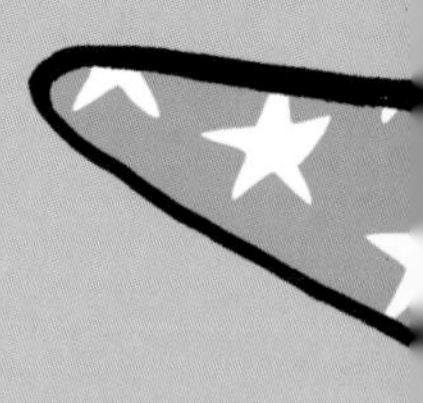

Quand j'ai un gros chagrin,
ma maman sait toujours
quoi faire pour me consoler.

quelle main ?

**Mon papa,
il fait faire des sauts périlleux
aux crêpes jusqu'au plafond !**

Ma maman a des bras tellement grands qu'elle peut m'entourer deux fois pour me faire un câlin. Non, trois fois.

D'un geste de la main,
mon papa il est capable
de me faire ranger
ma chambre.

UN CHAKATOU

UN RIFIFI

Ma maman,
elle arrive à dessiner
tout ce que je lui demande,
même des animaux
qui n'existent pas.

UN RAMATOUK

Quand il me porte
sur ses épaules,
mon papa galope aussi vite
et saute plus haut
qu'un cheval de course.

CATACLOP
Himmmm
mm
HUE!

**Ma maman,
avec juste de la farine,
un œuf et du lait,
elle cuisine les gâteaux
les meilleurs du Monde.
Aussi de l'Univers.**

Mon papa, il n’a pas besoin de livre pour me raconter des histoires : elles sortent toutes seules de sa tête. Comme ça.

alors
le cavalier…

Sans dire un seul mot,
ma maman
elle arrive à me faire manger
mon assiette de légumes.
Toute mon assiette.

**Mon papa,
il me porte dans ses bras
en même temps
que le sac des courses,
la trottinette,
mon cartable
et aussi mon doudou !**

Quand je me fais mal,
ma maman fait un bisou
sur mon bobo
et hop ! j'ai plus mal.

Mon papa,
il imite trop bien la moto
quand il dort.

RRRRON
RRRRRR
RRRRRR

Ma maman
sent tellement bon
et sa peau est tellement douce
qu'on dirait une rose.
Pour de vrai.

Mon papa arrive à souffler d'un seul coup toutes les bougies de son gâteau d'anniversaire, et il y en a beaucoup !

Quand le soir,
je n’arrive pas à dormir,
il suffit que ma maman
me chante une chanson
et zou ! je m’endors.

Mon papa,
il fait tout le temps la rigolade.
Ses grimaces sont
tellement rigolotes qu'une fois
j'ai fait pipi dans ma culotte.

La nuit, si je fais un cauchemar,
mon papa et ma maman
me mettent dans leur lit
et là, entre eux,
je n'ai plus peur.